靈修著作精選 | 盧雲系列 |

盧雲靈思集．關顧，傷癒時刻

盧雲——著

莫格巴 主編

黃大業 譯

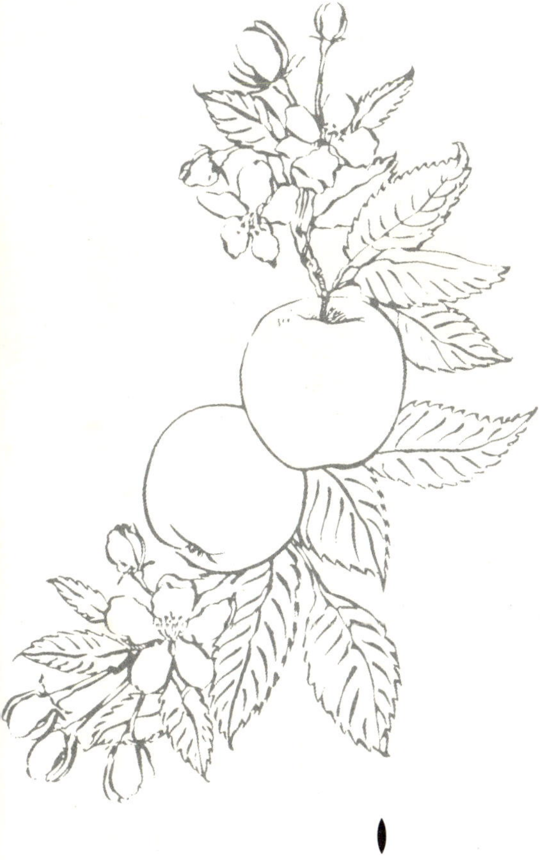

▼

靈修著作精選・盧雲系列

盧雲靈思集・關顧，傷癒時刻

A Spirituality of Caregiving

作者
盧雲 Henri J. M. Nouwen

英文版系列主編
莫格巴 John S. Mogabgab

譯者
黃大業

責任編輯
余雪

裝幀設計
奇文雲海・設計顧問

■

出版／發行
基道出版社
香港沙田火炭坳背灣街 26 號富騰工業中心 10 樓 1011 室
LOGOS PUBLISHERS
Unit 1011, 10/F, Fo Tan Ind. Centre, 26 Au Pui Wan St., Shatin, Hong Kong
電話：(852) 2687-0331　傳真：(852) 2687-0281
網址：https://www.logos.com.hk

承印
陽光（彩美）印刷有限公司

●

6/2018 初版
Cat. No. LP665
ISBN: 978-962-457-558-3

Published by Upper Room Books
This Edition published by arrangement with Upper Room Books, Nashville, TN

Printed in Hong Kong

刷次	10	9	8	7	6	5	4	3	2	
年份	2030	2029	2028	2027	2026	2025	2024	2023	2022	2021

目錄

《盧雲靈思集》緣起 7

緒言 9

鳴謝 17

寶貝 23

呼召 29

踐行 45

挑戰 73

操練 95

福氣 105

註釋 112

盧雲著作引述出處 114

盧雲生平 116

《盧雲靈思集》緣起

盧雲（Henri J. M. Nouwen）一生尋索凡事的核心。他從不滿足於做生命的旁觀者，總要盡心盡力探索新經驗、新關係。他以赤子之心，滿懷熱忱地察看世界，確信可以在生命中發現那位無條件愛我們的上帝。盧雲的生命與事奉所呈現的不息志趣，幫助我們在日常生活中辨識上帝。

《盧雲靈思集》（The Henri Nouwen Spirituality Series）嘗試體現盧雲對當代議題

的慈悲心懷與關注。通過「盧雲學會」(Henri Nouwen Society)與「馬可樓事工」(Upper Room Ministries)的伙伴關係，這系列將盧雲生前所關心的議題，作出嶄新的梳理。深盼這系列每本小書皆可助你發現一事：在你的生活作息中，上帝與你親近——比你所想的更親近。

緒言

盧雲是個感覺敏銳的人，時刻毋忘回應、關顧、慰藉、安撫。也許正因如此，他在小小年紀已立志培育他人——成為牧者、朋友、弟兄、教師、作者。我懷疑盧雲年紀輕輕已開始追求自我奉獻與自我實現，而且早在大學任教時目標已達。他熱中於幫助學生塑造生命，與他們以創新的方式禱告、交流對話，在課堂外邀請他們相聚，學習羣居與對談。盧雲除了是學生的教授，也是學生的朋友和弟兄。

年月過去，也許獨居日久，也許遭受同僚抨擊，也許操勞過度，也許囿於一個已失效的體制……總之，亨利（譯註：本文作者對盧雲的稱呼）失去朋友，陷入孤單、疲憊、煩躁、怨懟之中。他漸漸察覺自己對培育人的熱忱在消弭，而他的自我奉獻，也益加摻雜了積怨與天人交戰。

猶幸亨利獲得七個月公休假，到一所熙篤會靜修院作短期修道，一來休息，二來認真檢視自己的問題。他夠明智，因此知道自己想成為關顧者並沒有錯。他也夠謙遜，能向摯友坦誠分享自己的憤世嫉俗，並獲得中

肯的回應。他也勇於面對自己內心必須改變的地方，好叫自己對關顧的渴求，可以回復真誠的自我奉獻，再度為人帶來盼望。

隨後幾年，亨利在跌跌碰碰中，作了幾個重大的生命轉向決定，惟不曾放棄心中最大的渴求——關顧他人。他生命的最後一站是「方舟團體」的「黎明之家」(L'Arche Daybreak)，被指派照料一位名叫亞當(Adam)的成員。起初亨利自覺難以稱職。我難以忘記亨利初到黎明之家的光景，他被邀做亞當的護理員，是何等的不情願——他覺得太難了，甚至開口要求做其他人的護理員。除卻其他殘障狀況，最要命的是，亞當沒有語言能力，所以亨利花了許多日子才可戰勝焦慮，將替亞當沐浴的時間變成「共處」時間，將替亞當穿衣餵食的機會變成「認識亞當」的機會。

亨利向來能言善道，與人相交當然倚仗言語交流。如今虎落平陽，沒有了這種你來我往的互動，惟有不斷提醒自己：與亞當同在的時刻，並非只求完成任務，更是為了尋找與亞當溝通的另類方式，好與亞當「同在」（be together）。日復一日，漸漸地，亞當成了亨利的朋友，在亨利心中佔了獨特位置，令亨利能清晰地表達他對「關顧」的靈性反思。本書回應了亨利一句極具啟發性的話：

「亞當成了我的朋友、老師、嚮導。」

但這話豈不應該是亞當說的才對？因為通常都是軟弱的被關顧者向關顧者致謝啊！但在這例子中，那個較剛強的關顧者，反而從所謂的「殘障者」身上獲得價值無法估量的禮物！

這種二人（一個軟弱、一個剛強）之間的互動——通常美好，但亦往往充滿張力——乃是亨利論及的關顧靈性（spirituality of caregiving）之宏旨。源於自己身為培育者的體驗，亨利明晰地談及一種人皆需要的關係。我們都知道它重要，但可能因為勞碌過度而忘卻了。我們都試過孤單、精疲力竭、沮喪，或陷入失效的醫療體系。

亨利談及的關顧靈性，鼓勵我們以另一種方式成為關顧者。他從個人經驗得知關顧者的窘況：經常壓抑負面情緒與焦慮，面對排山倒海的工作量，咬緊牙關，堅守崗位，晝夜不休，關顧不停，以致忽略了最重要的互動時刻。亨利體會過隱而不發的怒氣、愛恨交纏的情緒、內疚，還有心底對認同、支援、釋懷的呼求。他也深深明白關顧者慣常萌生的「永遠做得不夠好」的無力感——縱使殫精竭慮，耗盡時間，也未必可以邁向自我奉獻與自我實現。

亨利向我們靜靜發出的挑戰，其理念源

於他的慈心，此外也源於他盼望我們有勇氣重新敞開心扉，面對人性中最真誠的渴求。他建議我們花時間與需要我們的人「同在」，正是要勉勵我們堅持不懈，忍耐「溝而不通」的苦痛，相信一些我們知道是重要且真確的東西——雖然那些東西無法看到、聽到、摸到。

因此在讀這本書時，也許就暫時讓亨利做**我們的**關顧者吧。儘管只是短暫一刻，就讓自己感受他人的真正關顧吧——有人真的明白我們、關心我們，真心願意成為我們的朋友、老師、嚮導。

這裏有一個人，他確信關顧可以滿足人

心底最深刻的想望；這裏有一個人，他是我們的先行者，號召我們尋求智慧和勇氣，擁抱我們的實況；這裏有一個人，他本於經驗與愛心，以充滿應許及盼望的話勸勉我們：「關顧讓人獲得心靈的癒和、釋放、改變——這包括被關顧者及關顧者。」

素兒 · 莫絲塔娜

（Sue Mosteller）

盧雲著作基金會

（The Henri Nouwen Legacy Trust）

鳴謝

盧雲不曾就「關顧」寫過書，然而他曾寫作、傳講、教導的一切，無不深繫於進入人類處境所包含的痛苦。素兒．莫絲塔娜和 Judith Leckie 委實功不可沒，因為他們搜索了亨利已出版及未出版的龐大著作寶藏，重整了盧雲的論述，匯編了這本關乎「關顧」的書。素兒是亨利在黎明之家的同工，又是盧雲著作基金會信託人，她對盧雲的了解及對盧雲著作的認識，顯於本書字裏行間。Judith

對匯編本書的熱心，及對「關顧」的體悟，對本書的成形大有助益。就本書手稿的預備，他們倆投放了大量時間、心力，並切切禱告。

正如《盧雲靈思集》(The Henri Nouwen Spirituality Series) 第一本書 *A Spirituality of Fundraising*，這本書（編按：指本書英文版）的裝幀得到加州聖克拉拉 (Santa Clara, California) Pearson and Company 兩位同工 Resa Pearson 及 Elaine Go 傾力構思及執行，他們的專注、技藝、委身，是「真心關顧」精神的最佳體現。「盧雲學會」(Henri Nouwen Society) 執行董事 Mike Walsh 有力地維繫他們與「馬可樓事工」(Upper Room Ministries)

的伙伴關係。盧雲著作基金會的莫絲塔娜、Nathan Ball、Robert Ellsberg、Kathryn Smith 對《盧雲靈思集》向來鼎力支持，不斷提供寶貴建議。多倫多大學聖米迦勒學院(University of St. Michael's College in Toronto)「盧雲檔案室」(Henri Nouwen Archives)同工 Gabrielle Earnshaw 大力襄助，令本書的出版事半功倍。Kathleen Flood 幫助辨識本書的盧雲著作出處。上述種種，謹此致謝。

最後，我要特別向己所屬之「馬可樓事工」同寅致謝，包括 Eli Fisher、Rita Collett、Nanci Lamar，他們小心翼翼，將手稿化為書本；還有馬可樓出版社(Upper Room Books)

編輯總監 Robin Pippin 不吝分享她的異象與灼見，而且始終言笑晏晏，謹此致意。

莫格巴
（John S. Mogabgab）
《盧雲靈思集》編輯

你們要慈悲，像你們的父慈悲一樣。

路六 36

寶貝

做基督徒，
不是一個人的事。

《盧雲的聖像畫祈禱手記》
（*Behold the Beauty of the Lord*）

何謂**關顧**？「關顧」的英文 care 源於 *kara*，意思是哀悼、悲鳴、共患難、同受苦。關顧就是與人——患病、迷惘、孤單、被隔絕、被遺忘的人——一同哀哭，在心中體會對方的痛苦。關顧就是進入破碎者、無權者的世界，建立一個軟弱者的團契。關顧就是出現在受苦的人面前，陪伴他們，就算無法改變他們的狀況。

關顧，是最有人性的舉措，這舉措出於

一個勇敢的宣信：人皆彼此需要。關顧亦出於憐憫的恩惠——一種將弟兄姊妹與自己結連一起的慈心，他們與我們，要在甘苦交織的人生旅程上同行。

在關顧的行動中，我們獲得珍貴的寶貝。關顧的其中一個內蘊，是它不僅關乎醫治。關顧也讓人獲得心靈的醫治、釋放、改變——這包括被關顧者及關顧者。正因為關顧者與被關顧者兩者在不同的方面既有剛強的一面，又有脆弱的一面，因此雙方在關顧關係中的相遇，乃是獲得機會去敞開自己，領受意想不到的禮物。

因此，我盼望本書可以帶給你啟發——

你關顧的對象可能在身體、情緒、心理方面不能妥善照料自己，他們可能身在醫院、院舍、護理院或自己家中。我們許多人都有親身體驗，知道做個關顧者有多困難。然而同時，也許我們也要提醒自己：其實被關顧也是極不容易的——關顧與被關顧，都很困難！但我真誠相信，關顧者與被關顧者，都可以經歷更有愛心、更多互動、更多尊重的關係——這乃是一種靈性契合，蘊含互補不足及心靈醫治的新可能。

呼召

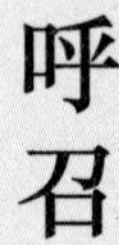

我的真正呼召，
是正視那位受苦的耶穌，
不讓祂的痛苦壓垮我，
反倒在心中領受它，
讓它結出憐憫的果子。

《與祢同行》
（*Walk with Jesus*）

憐憫與關顧

聖經記載耶穌對眾使徒說:「你們若遵行我所吩咐的,就是我的朋友了」(約十五14)。耶穌的吩咐是:「你們要慈悲,像你們的父慈悲一樣」(路六36)。

憐憫是難事,因為憐憫要求我們發自真心與對方同行,進到對方的缺失、脆弱、孤單、破碎之中,但這並非我們對苦難的即時反應——我們的即時反應，是逃離現場，或盡快解決問題。[1]

然而我們最大的恩賜，也許就是與受苦者站在同一陣線的能力。憐憫與論斷，是不能並存的。論斷製造距離與區別，令我們難以真心與他人同在。[2]

回望我的一生，最能夠得到安慰勉勵的時刻，就是有人對我說：「我無法挪去你的苦痛，我無法解決你的問題，但我可以答應你：我不會撇下你。我會盡量騰出時間、盡我所能陪伴你。」人生滿是哀傷苦痛，但毋須獨自面對哀傷苦痛，是何等的福分！這就是憐憫，它乃是恩賜。[3]

重整優次

讓我告訴你一個改變了我一生的關顧經歷，發生在我五十四歲之齡，就是我以牧者、司鐸、教授、作者的身分，投身全時間關顧職事。我的變動相當大：從在哈佛大學教書，轉到加拿大方舟團體黎明之家，與一羣殘障人士及護理人員同住，並做他們的牧者。

我在一九八六年八月抵達黎明之家，與亞當第一次見面。亞當是我們的寶貴成員，性情溫柔，卻也是殘障程度最高的院友。院方指派我照料亞當，我的工作在每天清早開始：七點鐘喚醒亞當，然後替他沐浴、剃鬚、更衣、梳頭，陪他走到廚房坐好，然後我弄早餐，弄好了協助他吃喝，然後替他刷牙、穿外衣、戴手套、戴帽子，再用輪椅推他到幾百米外的日間護理部參加活動。

起初我嚇壞了，一言以蔽之：我做不來！「他若跌倒怎麼辦？我哪有力氣陪他走路？我若弄痛他，他無法讓我知道啊！他若突然抽搐怎麼辦？我不懂得怎麼替他穿衣啊！太多出現差池的可能了。更何況，我不了解這個人啊！我不是護士，對護理工作一竅不通啊！」這些想法我向同工表達了小部分，大部分只在我腦中盤旋。不過同工的答覆斬釘截鐵，雖然不無鼓勵：「你做得到的。

我們會幫你，也會給你許多時間慢慢適應，直到你覺得沒有問題。等到你有信心了，你才單獨行事——到時你若遇見甚麼疑難，可以隨時找我們幫忙。你的確需要時間學習，但你做得到的。你會做好這些差事，又會漸漸了解亞當，亞當也會漸漸了解你。」[4]

起初我覺得亞當與我**很**不一樣，我從沒想過能夠與他建立關係，因為他連說話也不會。我擔心死了，不斷問同工——也問自己：「為甚麼要我做這差事？我是整個院舍能力最低的人！為何要我照料亞當，而不是其他需求較少的院友？」同工的答案始終如一：「就是讓你有機會了解亞當啊。」這令我狐疑不已。亞當總是目不轉睛地看著我，但不論我問他甚麼，他都沒有反應，更遑論答覆了。我若做得對，亞當不會微笑；我若做錯了，亞當也不會投訴。我懷疑他根本不認得我！我怎可能了解他呢？

我專注做對的事，儘少犯錯，終於也真的做得到了。我開始有信心做好每天照料亞當兩小時的差事。日復日，漸漸地，事情開始出現變化。因為我多了信心，少了擔心，思想心靈都有了空間，與我這個人生旅程上的伙伴真正交會。我的生活優次，多年來受兩樣事物影響——書籍、充滿競爭的學術圈——如今開始改變：亞當漸漸成為我的生

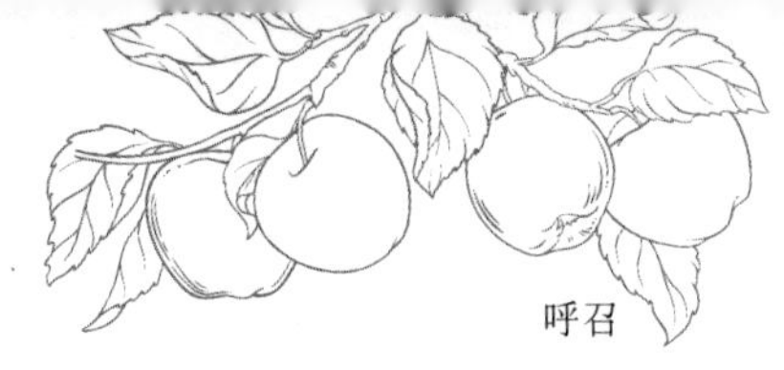

活重心。我不但珍惜他，也珍惜與他一起的時間——他將他的全然無助交付我，讓我替他沐浴、更衣，餵他進食、載送他到各個地方。我開始慢慢了解他。

我也發現了亞當的溝通能力！他會不斷地提醒我：他希望我氣定神閒、溫柔體貼地陪伴他。有時我心不在焉，或者強行莽撞，他會藉著抽搐讓我知道，我於是明白了這是他的「語言」：「停下來，亨利！停下來啊！」他也真的令我不得不停下來——有時更不得不替他重新沐浴更衣！他明顯要求我跟從**他的**節奏，要我改變自己的步伐去配合**他的**需要。我發現自己開始明白一種新的語言，就是亞當的語言。我不再介意他能否用說話回應我了。我們是同伴，友誼日增，我也喜歡與他一起。

我終於向他傾訴我的祕密了：我的情緒、我的挫敗、那些令我愉悅或困擾的人際關係、我的祈禱生活。很奇妙的是，我漸漸發現亞當真的與我同在，他全人（whole being）都在聆聽，讓我感覺很安全。我不曾對他有那樣的期望——我不知怎樣形容，總之，那真的發生了。

有時當我因為某件事完成得不夠好、不夠快而滿心憂慮、煩躁、沮喪，我會突然想起亞當，而他似乎也在呼喚我：快快歸回平

深厚的友誼，

源於雙方都蒙揀選，

又互相確認

對方在上帝眼中珍貴無比。

《活出有愛的生命》
（*Life of the Beloved*）

靜！我和亞當的角色在交換：他漸漸變成**我**的導師，牽著**我**的手，在我的混亂中與我同行，帶我走過**我**人生的曠野。[5]

僅僅是亞當的生命——他的存在——已經足以邀請我去領受他的獨有恩賜，這恩賜藏在軟弱之中，卻成了改變我的契機。我總在擔心所做的事，還有我的貢獻，可是亞當卻向我宣告：「你是甚麼人，比你做甚麼事更重要啊。」有時我滿腦子充斥著別人對我的說法和看法，亞當會默默告訴我說：「上帝的愛，比人的稱讚更重要啊。」有時我不停想著自己的成就，亞當會提醒我：「與人一起做事，比獨自一人做事更重要啊。」亞當不能生

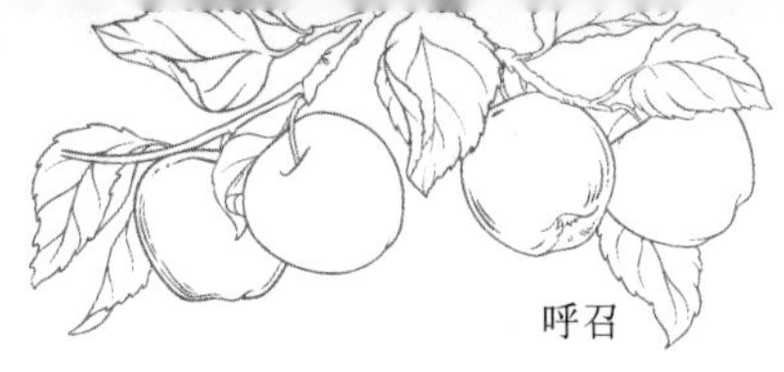

產甚麼，沒有甚麼名聲，無法炫耀甚麼獎項或賞賜，但僅僅是他的生命，就成了最根本的見證，見證我所接觸過的人間實相。[6]

亞當的故事不會映照你的關顧經驗，因為這故事是我獨有的——而每個與人接觸的經歷都是獨有的。不過，我相信我接觸亞當的經歷，連同我一生的事奉經歷，委實教曉我一事——我想在本書與你分享的就是這事：我們內心有個呼召——關顧的呼召。

關顧是人類對苦難的回應，這回應深植於我們心底。面對有需要的人，我們都希望能夠幫對方減輕苦痛，重獲鎮靜與平安。然而關顧是有代價的——關顧者往往要付出巨大的心力，因此有時候我們的關顧並非出於愛與利他，卻無非出於責任，或無奈，或被迫，總之怨憤不平。如果心中充斥著苦毒與煩怨，就難以聆聽他人的聲音。

但如果我們學會聆聽自己的需要與匱乏，就能獲得自由，繼而發現並真心欣賞被關顧者的內在美——深妙而脆弱的美。然後，就連最單調兼且重重覆覆的關顧差事，也可以變為我們成長的助力。只要加上忍耐與時間，關顧者與被關顧者之間，可以建立彼此尊重、聆聽、同在、真摯的關係。

我們甚至可以跟一個從沒想過要認識的人建立關係，而且雙方皆大大獲益。我與亞當

的故事告訴大家：滿有愛心的朋友和同工的支援，是不可或缺的。我們需要幫助。我們不應害怕向人求助，更千萬不要拒絕他人的幫助。

踐行

要關懷人，
就要獻出整個脆弱的自己給對方，
成為醫治的來源。

《與歲月和好》
（*Aging*）

憐憫之道

我確信關顧軟弱者或垂死者，乃是支援他們去實現他們最深渺的召命：逐步邁向更整全的樣式，這樣式是他們本來已有的身分——上帝所愛的兒女——所賦予的。

我們成為關顧者之先，已是上帝所愛的兒女。我們對這身分有了確據，就益發能夠發現，人類大家庭的所有成員，都是慈愛創造主所珍愛顧惜的對象，而且這愛是毫無條件的。以下我要講論的，都是建基於耶穌的一句話：「你們要慈悲，像你們的父慈悲一樣」（路六36），此外也來自我一個堅定不移的信念：藉著憐憫，我們漸漸長成上帝所愛兒女的樣式。這不是隨口說說而已，而是我親身經驗之談——就是我多年的服事經歷：聆聽、探訪、閱讀、寫作，以及許多痛苦的經歷。曾經有一些時刻，我認真考慮是否要放棄關顧職事，轉到較輕鬆的崗位，不過每當面對這試探，我都驚覺這是對自己委身作耶穌門徒的質疑。猶幸隨著憐憫的呼召在心中漸次明確，上帝讓我明白，憐憫是基督徒

生命的軸心，亦因此讓我醒悟：轉離關顧職事的想法，乃是不想面對基督信仰的重大挑戰。主的福音呼召我們要慈悲，這是違反世俗常情的——它要求我們完全回轉，徹底改變舊有的心思意念。這委實是重大的呼召，直指我們生命的根本。[7] 因此，以下讓我們探討「憐憫的人生」（a compassionate life）的一些要素，藉此理解耶穌那句話的意思。

互動與喜樂

靠近受苦者，分擔他們的創痛，這行為看似有點奇怪。與病患者或垂死者站在同一陣線，有何喜樂可言？但是試看這些人：亞西西的方濟各（Francis of Assisi）、甘地（Mahatma Gandhi）、德蘭修女（Mother Teresa），他們一點也不像被虐狂——他們的生命都煥發著喜樂！因為憐憫的人生其中一樣極美好的特質，乃是它蘊含一種付出與領受的互動。任何真心憐憫他者的人都會說：「我所領受的，與所付出的同樣多。」他們會為自己從被關顧者身上所領受的禮物感恩。喜樂是憐憫的神祕禮物。[8]有一位母親，在四歲兒子離世三年後仍在哀悼，但回想兒子離世前一年的患病日子，她卻說得出這樣的話：「在醫院那段令人厭惡難耐的日子裏，

令我不致消沉的，就是我兒子那不可思議的鬥志。」

明辨與自省

大多數關顧者可以快樂地憶述許多心滿意足——偶爾甚至妙不可言——的服事時刻。不過，同時亦有不少情況，令憐憫的人生不容易踐行。

首要的，是關顧者要覺察一事：我們有自己的人生，這人生不止於關顧職事。我們不論有沒有配偶，都要擔負許多人生責任：培育孩童、置業、購物、做飯、洗衣服、整

「憂患的杯」與「喜樂的杯」，
是分不開的。

《你能飲這杯嗎？》
（*Can You Drink the Cup?*）

理家居、維繫友誼、還債、照顧年老親戚、排解親屬糾紛，當然還要照料自己的身體、關注自己的成長，使自己幸福愉快。

我們可能是專業關顧者，或邊做邊學的業餘關顧者，自願或非自願地照料傷殘或年老的親屬或家人。我們原本生活已很忙碌，擔子沉重。我們從關顧服事得到的報酬可能偏低，甚至無償。也許與醫生相比，我們備受忽視或輕蔑，或與主治的醫療護理團隊相比，我們毫無地位——雖然我們和他們關注同一個病患。因著上述種種理由，我們的自尊可能受損。如果被關顧者是家庭成員，我們就更要承擔諸般交纏的情緒，因為要支援的，是自己所愛的人：一方面渴望、亦願意關顧那人，因為我們愛那人；另一方面，我們要同時面對孤單、怨懟、內疚、羞愧，因為控制不了心中的想法和願望——盼待有一天可以卸下照料的擔子，重獲自由。

最後，假如我們在醫療護理體系中服事，可能經常成為病人及病人親屬的批評對象，罪名就是關顧不足。我們活在很高的期望中，這些期望來自病人，也來自眷愛病人的親友。大家要求我們不僅人在、更要心在，確保被關顧者時刻舒適又整潔，而且一切需要及請求得到即時的回應！

還有，就算我們這些關顧者問心無愧，

我們毋須求取十字架，

但必須背起自己的十字架。

《慈心憐憫》

（*Compassion*）

卻可能仍會忽略一個現實：被關顧者未必如我們一樣，將我們的關顧視為給他們的禮物。其中一個盲點，是我們傾向假設被關顧者很自然就會信任關顧者，但這不是必然的。我朋友安兒（Anne）半身不遂，她對我說：「我見過一幅描繪聖雲先（St. Vincent de Paul）的畫作，畫作下引用了一句話：『窮人要饒恕我們的，實在太多了。』關顧者與被關顧者的關係，委實微妙之至。病者能寬心面對這關係，處之泰然，我常覺得不可思議。我面對自己的脆弱，就沒有那份對人的信任。」

真心聆聽

要調和關顧者與接受關顧者的關係，我們需要「聆聽」。聆聽，就是成為向你說話者的學生。正如教師在授課時最能操練自己的技藝，一個心有鬱結的人，向一個專注聆聽的人講述自己的故事時，最能理解自己的困局。

讓我們花點時間，反思自己的體驗。我們曾經收到的最大禮物之一，豈不就是一個真心想知道我們故事的聆聽者嗎？我們有機會將自己的故事向一個真心聆聽的人傾訴，是很蒙福的經歷，因為透過聆聽者的服事，我們才開始發現自己有故事可以與人分享。

只 要 仍 然 有 故 事 可 以 彼 此 分 享 ，
就 仍 然 有 盼 望 。

《 記 憶 治 療 者 》
（ *The Living Reminder* ）

當有人對我們說：「說下去啊，我真的想知道」，就在那一刻，我們開始察覺自己生命的獨特、自己的故事對他人而言「聞所未聞」。然後我們發現事物之間的一些關聯，察覺那些引領我們到達眼下所處時空的動向（trends）、模式（patterns）。我們開始認真看待自己，相信自己的故事在人類存有的眾生相中，佔據獨有的席位，並意識到人人都可以作出真正的貢獻。歸根究柢，我們都擁有值得感恩的禮物，就算那份禮物是充滿畸變與衝突的一生。

然而，聆聽不僅是表示同情的點頭動作，或友善的「嗯，嗯，嗯」。聆聽是兩個生命帶著萬分積極的意識匯聚一起。我聆聽對方的故事時，也懷著自己的故事。正因我自己故事的有限，在彼此截然不同的背景中，我們得以發現對方故事的獨特之處——這是莫大的榮幸。正因為我清晰地意識到自己生命的獨特之處，才得以由衷地回應對方——不論是震驚、憂傷還是喜悅。

因此，聆聽是萬分積極與極度警覺的關顧方式。在聆聽的同時，我們還會有回話、姿態、大笑、微笑、眼淚、觸摸，一切視乎誰在說故事、誰在聽故事。重要的是兩個生命在醫治的氛圍中相遇，情況就像在同一台織布機上，將兩個不同的故事編織成一個新

主題。在關顧中，某人說了一個故事，另一人聽了這個故事，其後這兩個人的生命都不再一樣。兩人都發現了各自的獨有故事，兩人成了一個新關係的不可或缺的元素。在聆聽中，我們發現關顧的精義不在於有痛苦與無痛苦的分別，而在於有痛苦與分擔痛苦的分別。

同理心與關顧

身體的痛，是很折騰人的，會磨蝕受苦者的生命、心靈、思想。失去健康是一種窘迫，而更大的窘迫是突然失去自主，甚至

因此，醫治的首要意義，
在於製造友善的空間，
讓受苦者可以在其中將他們的故事，
說給真正關心的人聽。

《從幻想到祈禱》
（*Reaching Out*）

連個人護理亦須假手於人。起碼在最初的階段，要在自己健康時曾經關顧過的對象面前，接受自己變成了被關顧者，確然是令人很難接受的事。仰人鼻息的狀況，難免勾起惶惑、恐懼、憤怒、悲哀、抑鬱之類的情緒，何況還有伴隨診斷報告而來的震驚、痛苦、焦慮。

關顧者必須謹記：任何人要公開示弱，需要援手，都是很丟臉的事。有些人向來照料自己以及他人游刃有餘，他們一旦病了或身體衰弱，要接受他人的幫助或照料——尤其對方很忙碌或在專心處理重要事情——很可能會覺得自己丟人現眼。

對被關顧者而言，另一個很真實的苦楚，源於要等候別人為自己做一些自己不再力所能及之事——有時更須在疼痛中等候。他們自覺軟弱與驚恐，已經夠難受了，還要信賴那位照料自己的關顧者——可能是一位他們完全不認識，也沒見過他們健康模樣的陌生人。要容讓陌生人，以至家庭成員闖進自己隱祕的私人空間、觸碰自己的身體，實在不是甚麼體面的事。簡言之，他們會覺得自己可憐，因為在關顧與被關顧的關係中，他們是毫無能力的一方。

面對關顧，重病患者也許十分受落，因為苦痛得以大大減緩。然而大多數人，若突

不流過許多淚，

就不會有憐憫。

《浪子回頭》

（*The Return of the Prodigal Son*）

然成為被關顧的一方，通常都是難以釋懷，難以開口承認需要援手——更遑論在日漸衰殘的狀態中接受自己是「蒙愛的」，好好走完一條漫長崎嶇的仄徑。惟有透過時間的洗禮與他人的愛心關懷，他們才有可能重新領悟到自己是有福的，意識到就算在病患中，仍有禮物等待他們領受。他們雖然體弱要人關顧，不得不向人求援，卻有可能同時在軟弱中經驗到豐盛。譬如說，他們若懷著感恩的心接受關顧，這段關係就能顯出關顧者一些自己也不知道的特質——關顧者本身的美善、溫柔、愛心、服事等恩賜。論到出於憐憫的關顧職事，關顧者必須時刻留意被關

顧者的世界：他們內心的苦痛，以及獨有的福分。

與弱者站在同一陣線

人類的各種關係：父母子女、丈夫妻子、愛侶朋友、羣體成員之間的關係，埋應成為上帝愛人的標誌——上帝既愛全人類，也愛每個獨特的人。這是很不尋常的觀點，卻是耶穌的觀點。耶穌說：「我怎樣愛你們，你們也要怎樣相愛。你們若有彼此相愛的心，眾人因此就認出你們是我的門徒了」（約十三 34～35）。耶穌怎樣愛我們？祂說：「我愛你們，正如父愛我一樣」(約十五9)。耶穌教導我們：我們蒙上帝呼召，要成為上帝的愛活生生的見證。[9]

我們這時代其中一大悲劇，就是人們獲知前所未有之多的世間痛苦與患難，卻愈來愈難作出回應。電台、電視、報章時時刻刻告訴我們世上的地震、恐怖主義襲擊、難民大批流竄、大饑荒，還有永不止息的人類禍患。我們不禁要問：這些精巧複雜的傳訊工具，是否令大家更有憐憫之心？[10] 答案似乎是否定的，因為對方的悲劇太遙遠了，通常觸動不了我們。我們從沒遇過那些苦難者，我們與他們毫無關係。然而，當我們與被關顧

者在一起，一段觸及我們內心深處的關係就有機會出現，而這段關係帶來一個可能：令我們雙方有機會成為更整全的人。

這段關係乍看似是壁壘分明：一方擁有能力，一方毫無能力，但事實往往並非如此。相反，這段關係總是相當複雜，通常勞神費力，偶爾痛苦不堪。不過，身為關顧者的我們，無論在自省方面，還是在踐行幫助他人的志向中如何行使權力，都必然有成長的空間。關顧與被關顧是極具「人性」的交往與關係，這關係的核心，在於能否把握機會，以人性一切力量與脆弱，全然實現自己的身分：上帝所愛的兒女。付出關顧者與領

我們透過
一種偉大得無法理解的「愛」，
一種深渺得無法闡述的「真」，
一種豐沛得無法盛載的「美」，
來彰顯何為人。

《羅馬城的小丑戲》
（*Clowning in Rome*）

受關顧者的關係，可以成為一道門，讓雙方通往一個全新領域，彼此獲得醫治。

不過我們也要謹記，就算我們傾盡全力去幫助被關顧者接受他們的苦況，我們也不能強他們所難——就算這樣做更省事。另一方面，被關顧者別以為在關顧者面前發號施令，就可以紓緩自己的困局。在關顧者與被關顧者的關係中，雙方皆可作出改善，努力減少脅迫與抗拒，並且在一個由軟弱者組成的團契中，盡量使彼此的焦點達至合一。

我朋友安兒追想她半身不遂初期一個醒覺的時刻：「我仍記得自己剛進復康醫院的日子……此前我不曾進過醫院，但我漸漸意識到，自己已經成為一個龐大的地下世界的一分子——這是一個由殘障與苦難構成的世界，涵蓋醫院內外的人。我忽然醒覺，醫院與監獄何等類似，而地上有千千萬萬被囚的人，如今我成了他們的同類。」

挑戰

當我們醒覺
我們毋須逃避自己的苦痛，
反倒可以它們為助力去尋找生命——
那些苦痛原本是失望的標誌，
如今轉化為盼望的記號。

《負傷的治療者》
（*The Wounded Healer*）

關懷與醫治

關顧與**醫治**是截然不同的事。病患者與殘障者的反應通常很快會顯出關懷與醫治的不同。然而，上述道理其實並不明顯，在我們身處的當代社會中更不被認可——大致而言，我們的注意力都放在醫治而非關顧上。

在我們的社會，專業人士的職責，乃是掌握技術，去修補破損的、重造被毀的、接駁斷裂的、醫治患病的。醫生被視為成功的醫治者，是因為病者被人用擔架送進醫院，在醫生的治理下，能夠自行走出醫院。人們視為成功的心理治療，就是案主帶著困惑進入輔導室，離開時少了困惑。當在社工的介入下，社區的精神面貌有所改變，人們就會認為這社工有本事。人們也常用活動是否奏效來衡量神職人員的績效。上述對專業關顧者的觀感，可能就是你我的觀感——不論我們是否有所自覺，也不論我們自己是否專業關顧者。這些觀感導致我們將自己的身分，建基於我們**做甚麼事**、而非我們**是甚麼人**。

當我們的身分建基於我們做甚麼事，

而非我們是甚麼人，我們就是容許自己在頭腦、情感、以至靈性上，接受世界所定義的「好／善」與「壞／惡」標準。讚賞、成就、鼎鼎大名，令我們感到快樂、滿懷自信、愜意。批評、挫敗、寂寂無聞，令我們感到悲哀、懷疑自己、孤單。當計劃得以實現，我們便整個人飄飄然；當計劃落空，我們就連頭也抬不起來。我很難忘記自己的一次授課經歷，當天聽我授課的有許多人，大多稱賞我的講學，但有一個人認為我講的是廢話。我回到家中悶悶不樂！一次挫敗，抵銷百樣成就；一人批評，勾銷百人讚賞。

關顧者若只顧醫治，面對長期病患或

垂死者，便很難會有任何滿足感。最大的理由，是被關顧者的狀況不斷挑戰關顧者，提醒他們：人的醫治能力有限，死亡無可避免。然而，正是這種挑戰，導引我們重新思考關顧服事的深層意義，即屬靈內蘊。我們若願意接受自己無法控制那些無可避免的事，接受我們自己也要面對死亡，就可以獲得釋放，成為真正的關顧者——不會只顧努力醫治，而是專注於最深層次的關顧。

關顧與同在

關顧的英文 care 是個奇特的詞，它有

非出於關顧的醫治，

令我們只顧追求快速的改變，

又令我們變得焦躁，

不願意彼此分擔重擔。

《始於寧謐處》
（*Out of Solitude*）

許多種用法，而且通常沒有上述「關顧」的意思。舉個例子，若你聽見有人怒氣沖沖地說：「我會關照（take care of）那傢伙！」你會預計有暴力發生。又或者有人問你：「你想喝咖啡還是茶？」你回答說：「都可以，沒關係（I don't care）。」這裏的意思是，我們對眼前的選擇毫不在乎。

真正的關顧，卻毫不含糊。真正的關顧不會滿不在乎，它是冷漠的反面。[11] 關顧——同悲憂、同哀哭——的核心意義，首要是與受苦的人「同在」。因此關顧乃是聆聽悲哭，連於苦痛、惶惑、孤單、隔絕、被遺忘的感受，然後才是要「做」甚麼。此外，關顧也是

意識到對方的悲憂，同樣存在於我們心中。關顧包含了明白、哀哭、悲憂、與脆弱乏力的人感同身受。

我朋友安兒告訴我一個經歷：「有一次，我必須返回復康醫院接受治療，有一個朋友陪我入院，為我打氣。護士在辦理例行手續，我等著，突然淚如雨下。我太失望了，怎麼又要住院啊！然後我抬頭，看見我朋友和那護士也在流淚。我永遠忘不了那一幕──我有強烈的感覺：他們全然明白我，關懷我。最終我們三個人開懷大笑！」

我闡述關顧與醫治的分別，並非想指醫治是不重要的目標，只是醫治若非出於關

當我們全然成為人的樣式，

上帝則全然與我們同在。

《心靈麵包》
（*Bread for the Journey*）

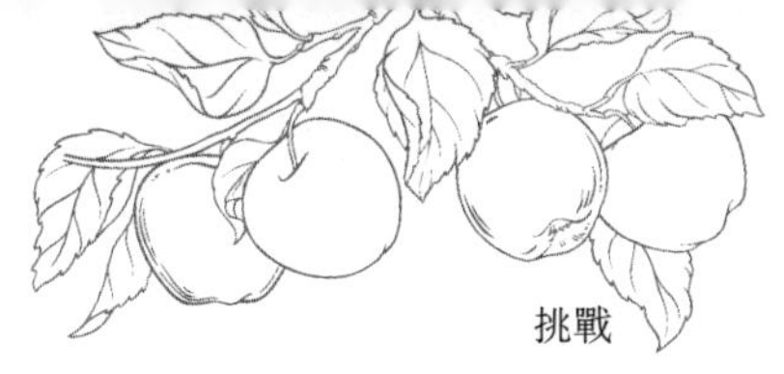

顧，無論它多重要，都有可能化為暴虐、操控，甚至毀滅。關顧乃是憐憫。關顧是一種宣告：對方是我的弟兄/姊妹，他/她是人，會死，很脆弱——我也是這樣。許多時候我們無法醫治對方，但我們總可以關顧對方。當關顧成了首要的關注，醫治就成了一份禮物。

關顧與歸信

病者、傷者、長者皆可讓我們認知：眾生（包括醫療工作者）都要面對死亡——死亡是對「醫治」的不息嘲諷；此外，透過朋友的愛與關顧，我們得以觸及生命最深層的渴求。這種認知不僅戳破了「人不會死」的假像，同時指向新生命——當人以言語或行動向我們說：「我看見你的苦痛。我無法挪去你的苦痛，但我不會撇下你。」

我們藏於心底對關顧的抗拒，也許較少源於亟盼醫治我們關顧的對象，而是如果想與受創傷者同哭、在他們的苦痛中與他們同在、憐憫他們的焦慮，就必須觸及自己的創傷、苦痛、焦慮，而這令我們卻步。

那些以滿懷未解答，亦無法解答的問題質問我們的人，豈不常在我們心底引發連串揮之不去的惶惑？因為他們迫使我們問自己

我們愈深刻地認識自己，

就愈能夠親近那些

我們與之分享生命的人。

《最大的禮物》

（*Our Greatest Gift*）

同樣的問題！當有人說：「我真不知道這人生還值不值得活下去」，這話可能深深牽動我們，因為我們自己也沒有答案。又或者有人對死亡顯出恐懼，那人可能令我們察覺到：我們自己何嘗不是在迴避死亡？

我不是說向人坦承自己也有和對方一樣的疑難和苦痛，就等於幫助了人——那不是關顧，不過是表示同情而已。然而我真心相信一事：我們能夠關顧對方多少，視乎我們能夠觸及自己的疑惑與恐懼多少；正如我們只能以自己的故事為框架，去聆聽他人的故事。

向我們求助的人，其實是在邀請我們聆

聽我們自己的苦痛，認識自己的創傷，面對自己的破碎。如果求助的人已屆高齡，就更是邀請我們反思：一切苦痛皆為死之侍從，而人人皆有一死！我常常覺得，即使我們是上帝所愛的兒女，也總是懷著一種深沉的悲哀——一種出於對人人終有一死的不自覺的感悟。這是藏於心底的悲哀。但當年邁的長者或絕症患者就在我們眼前，我們便不得不正視死亡的真確與實在。

要談論面對自己生命中的死亡，總令人坐立不安。今日世界是迴避苦痛與死亡的世界，人堅決否認自己那無可避免的困局。這有甚麼出奇呢？但我們在關顧他人的過程中，難免面對死亡，因此我們必須接納這個事實：不僅被關顧者怕死，關顧者亦怕死，其實全人類從起初就怕死。

二千年前，新約聖經希伯來書作者提及耶穌藉著死「釋放那些一生因怕死而為奴僕的人」(來二15)。作者的意思是，怕死的人生是被轄制的人生，這樣的人生沒有自由，裹足不前，無法過自己想過的生活。

能夠勝過對死亡與垂死的抗拒與恐懼，對關顧者與被關顧者而言，都是真正的釋放。我們這些關顧者因此能夠坦承並接受自己的創傷、自己需要醫治、自己會死的事實。同時，我們更能夠幫助被關顧者以尊嚴

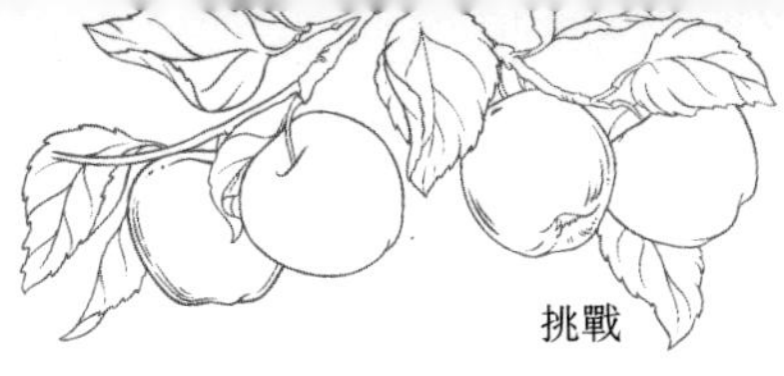

我們心中都怕死，

但愛的力量大於死的力量。

《尋找回家路》

（*Finding My Way Home*）

與平安面對他們的死亡。關顧的大奧祕，是當被關顧者與關顧者在共同的脆弱中彼此相交，他們雙方皆得以進入一個新羣體，一同經驗歸信，一同體悟滿有恩惠的新生命。

身為蒙上帝所愛的兒女，我們可以怎樣向破碎者、無助者敞開自己的心懷？怎樣盡己所能與他們建立更有人性的關係？甚至怎樣想像自己用心與人相互交流，建立真誠的關係？

以「蒙上帝所愛的兒女」這身分去關顧，乃是致力陪伴、聆聽、親切地擁抱較弱的弟兄或姊妹——他們可能聽過刻毒的評語，受過不近人情的檢查，又或曾經多番投

訴無門。縱然無法改變現狀，我們仍可關顧他們。這正是最關鍵的挑戰。不論關顧是否我們的專業，我們也得承認關顧首先關乎與自覺無助、無權卻蒙上帝所愛的弟兄姊妹同在。如此，我們便接受了一個事實：我們的首要職分不是幫助他人除去苦痛，而是願意分擔他人的苦痛。

「關顧」與「永生的展望」

關顧就是成為人（to be human）。成為關顧者，乃是容讓被關顧者戳穿我們對「不死」的妄求，從更寬更深的向度理解生命。假若對「健康」的想像只限於強健的心肺、發達的肌肉，另加鮮活的記憶、敏銳的灼見、迅速的理解，我們對生命的認識，就必遠比上帝想我們知道的狹隘。我們每一次讀出《使徒信經》，宣告我們的信仰，都提到「我信永生」——正是這種對永生的相信，能大大改變我們的關顧眼界。

耶穌再三論到永生。祂對尼哥德慕說：「上帝愛世人，甚至將他的獨生子賜給他們，叫一切信他的，不致滅亡，反得永生」(約三16)。祂在離世前不久向天父禱告說：「父啊，時候到了，願你榮耀你的兒子，使兒子也榮耀你；正如你曾賜給他權柄管理凡有血

氣的，叫他將永生賜給你所賜給他的人。認識你——獨一的真神，並且認識你所差來的耶穌基督，這就是永生」(約十七 1～3)。我們蒙召得永生，因此關顧必須有永生的向度，才會帶來生命。關顧乃是領人去觸及最珍貴的自我，這自我蒙受無限的愛與關懷，這自我的生命勝過死亡的權勢。從這意義上來說，關顧是裝備人迎見永生。

假若永生是我的清晰目標，
這生命必須在
此時此刻就可以觸及——
因為永生乃是在上帝裏、
與上帝同在的生命，
而上帝此時此刻與我同在。

《念茲在茲》
（*Here and Now*）

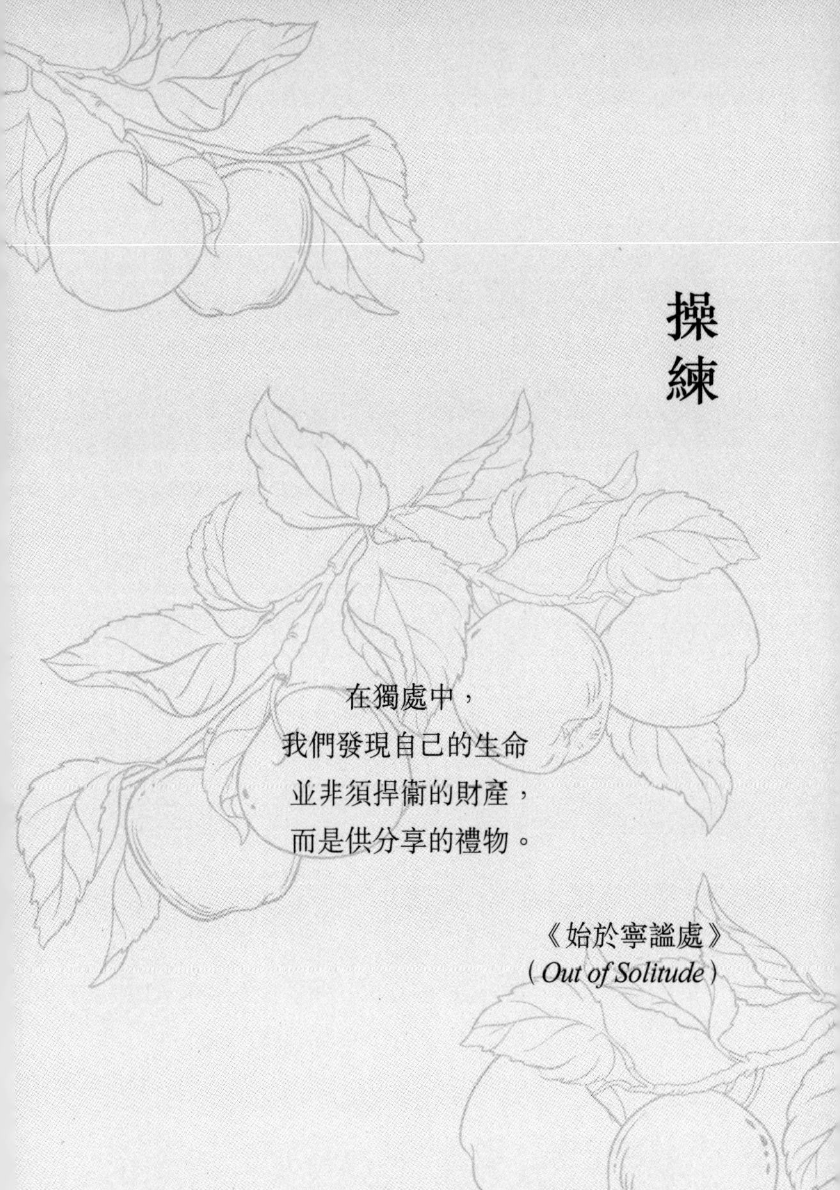

操練

在獨處中，
我們發現自己的生命
並非須捍衛的財產，
而是供分享的禮物。

《始於寧謐處》
（*Out of Solitude*）

騰出神聖空間

要覺察上帝在我們生命中的作為，就要操練獨處和守靜。上帝不會高呼尖叫，也不催促逼迫。上帝是愛，獨一的愛，祂的靈是愛的靈，渴慕與我們相交，引領我們前去夙願以償的境地。[12] 聖靈在靜默中向我們發言，複述耶穌的話：「不要怕！」（約六 20）我認為耶穌的意思是：「別怕拋開你的控制慾，讓我滿足你心底的渴望吧。別害怕，你就持守著蒙愛者的身分安歇片刻吧。我與你同在啊。你的名字已經寫在我的掌上。我以永不止息的愛愛你。你是我的，你屬於我。」

好幾年前，我有幸與德蘭修女（Mother Teresa）面晤。當時我有許多困擾，希望德蘭修女為我指點迷津。我們才剛坐下，我就滔滔不絕，不斷闡釋自己的疑難——企圖說服她相信我的疑難真的很複雜！我足足說了十分鐘才停下來，德蘭修女靜靜望著我，說：「嗯，你只要每天用一小時渴慕主，不做任何你所知道的錯事……你就會好起來！」[13]

我們都是整天忙個不停的人，但在家中

主啊，

祢所要的，

不過是一句單純的「我願意」，

一份單純的信靠，

好讓祢為我所做的一切抉擇，

能夠在我生命中

結出果子。

《心應心》

（*Heart Speaks to Heart*）

騰出一個小小的「神聖空間」，每天早上用十分鐘與愛我們的上帝同在，將一整天交在祂手中，我們這天的生活必不一樣。到了晚上，我們又回到這神聖空間，用十分鐘回想一天的經歷，獻上感恩，求主赦罪，將睡眠交在祂手中，我們整晚的休息必不一樣。我們真正的身分源自愛我們的上帝，我們天天與祂相交，必為我們的生命帶來平安喜樂。

結集羣體

很多關顧者都經歷過極孤單、疲憊的時刻，因為關顧涉及極大的責任與壓力。我們

需要援手！然而求援是需要時間和精力的，有時我們連求援也覺得太難——不過，可以的話，關顧者還是盡量求援吧，因為人際關係可以救我們脫離疲累，而疲累會導致精力耗盡。[14] 再平常不過的分享、問候、交流，可以讓家人或友人知道他們可以關顧我們！結集自己的支援者，是為自己、也為我們的關顧對象織造支援網絡。如此，我們的關顧不但孕育羣體，也源於羣體！

我們要效法被關顧者，學習寬厚地接受他人的關顧。例如我們要敢於容讓一些人知道我們關顧他人的真實感受與經歷：操勞過度的感覺、羞愧或內疚（心底渴想被關顧者盡快痊癒或離世）、壓力（來自他人的過高期望、來自專業人員的輕蔑）、掙扎（源於永不消失的疲憊）。這一切都不容易，也不簡單，但讓我們勇於嘗試吧。我們真的需要一個或多個摯友，可以分擔我們的挫敗、無助、焦慮。若有人聽見、重視、回應我們的疑問，並以溫柔、支持、坦誠的態度對待我們，我們就會記住自己不是救世主，也毋須擁有一切答案。我們需要他人提供靈性、情緒、實質的支援，當我們不為自己的需求感到內疚，就能尋獲智慧與平衡之道，走更遠的路。

最後，可能的話，關顧者必須在關顧職事以外，建立並擁有人際關係。在可信任的

真正的朋友，

在內心深處神交。

他們內心有上帝的愛——

在那裏，

靈與靈相交，

心與心對話。

《心靈愛語》

（*The Inner Voice of Love*）

支援網絡中，我們可以重新得力——藉著與朋友共餐，獨自或與友伴同行在樹林中或雪地上，與家人看電影，忘情地閱讀暢銷小說或心愛詩集。投入藝術世界，乃是關顧自己的心靈。

福氣

上帝說：要選擇福氣！

《心靈麵包》
（*Bread for the Journey*）

需要他人關顧的人，都是上帝所愛的兒女，這身分不會因著軟弱、疾病、死亡而改變。耶穌說：「貧窮的人有福了」（路六20），這裏耶穌並不僅指經濟上貧窮的人，而是涵蓋所有人——所有蒙愛卻歷經脆弱、破碎的弟兄姊妹。我們都經歷人間疾苦，這人所共有的患難，只不過在我們患病中或面對死亡時格外明顯而已。也許並不那麼罕見的是，人們很少在遭遇患難時自覺「蒙福」。

我們都想幫人，都想為有需要的人做點事。我們都想安慰悲傷者，減輕受創者的苦痛。這些想法顯然沒有錯，且是高尚、慈悲的情懷。然而，除非我們醒覺：上帝的福氣，乃是透過服事對象臨到我們的生命，不然我們的服事必然難以持久，我們也必心力交瘁。

不斷照料難以康復的病者，怎麼可能做到呢？垂死的人，我們為他們而黯然神傷，可以怎樣繼續安慰他們？答案是：他們都擁有一種福氣，是我們每個人都需要領受的。歸根究柢，關顧就是關顧者透過被關顧者領受上帝的福氣。何謂福氣？福氣乃是瞥見上

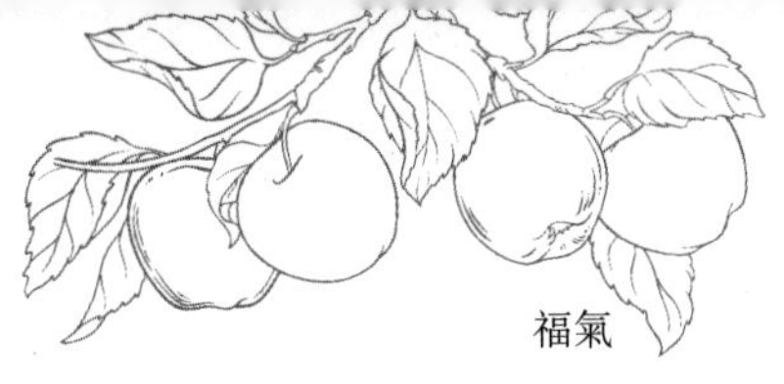

這是基督徒生命的奧祕：
領受新生命、新身分，
靠的不是能夠成就甚麼，
而是願意領受甚麼。

《慈心憐憫》
（*Compassion*）

帝的臉。天堂所關乎的，就是看見上帝！我們可以在耶穌的臉上看見上帝，而我們可以在被關顧者身上看見耶穌的臉。

我們何等需要這福氣。[15]

需要我們關顧的人，等候著我們去領受這福氣。

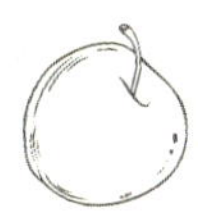

你們要給人，

就必有給你們的，

並且用十足的升斗，

連搖帶按，

上尖下流地倒在你們懷裏。

路六 38

註釋

1. *The Way of the Heart: Desert Spirituality and Contemporary Ministry* (Harper Collins, 1981), 24～25.
2. *The Way of the Heart*, 26.
3. *Here and Now: Living in the Spirit* (The Crossroad Publishing Company, 1994), 105. Copyright © The Henri Nouwen Legacy Trust. *Here and Now* by Henri Nouwen (Crossroad, 2002). Reprinted by arrangement with The Crossroad Publishing Company. www.crossroadpublishing.com
4. *Adam: God's Beloved* (Orbis Books, 1997), 42.

5. 這段落部分引自*Adam*, 頁 43～48。
6. *Adam*, 55～56.
7. 這段落引自 Henri J. M. Nouwen, Donald P. McNeill, and Douglas A. Morrison, *Compassion: A Reflection on the Christian Life* (Doubleday, 1982), 7～8。
8. *Here and Now*, 102～103, 107.
9. *Here and Now*, 127.
10. 引自 *Compassion*, 頁 50。
11. *Out of Solitude: Three Meditations on the Christian Life* (Ave Maria Press, 1974), 33.
12. *Here and Now*, 52.
13. *Here and Now*, 88.
14. 這段落靈感源於 Michelle O'Rourke, *Befriending Death: Henri Nouwen and a Spirituality of Dying* (Orbis Books, 2009), 121。
15. *Here and Now*, 82～83.

*本表所列之書籍為英文版。

盧雲著作引述出處*

本書頁碼 23：*Behold the Beauty of the Lord*（1987），頁 59。

本書頁碼 29：*Walk With Jesus*（1990），頁 29。

本書頁碼 39：*Life of the Beloved*（1992），頁 54。

本書頁碼 45：*Aging*（1974），頁 97。

本書頁碼 52：*Can You Drink the Cup?*（1996），頁 54。

本書頁碼 55：*Compassion*（1982），頁 73。

本書頁碼 58：*The Living Reminder*（1977），頁 66。

本書頁碼 62：*Reaching Out*（1975），頁 67。

本書頁碼 65：*The Return of the Prodigal Son*（1992），頁 120。

本書頁碼 70：*Clowning in Rome*（1979），頁 99。

本書頁碼 73：*The Wounded Healer*（1972），頁 93。

本書頁碼 79：*Out of Solitude*（1974），頁 36。

本書頁碼 82：*Bread for the Journey*（1997, October），頁 2。

本書頁碼 85：*Our Greatest Gift*（1994），頁 51。

本書頁碼 89：*Finding My Way Home*（2001），頁 156 ～ 157。

本書頁碼 94：*Here and Now*（1994），頁 69。

本書頁碼 95：*Out of Solitude*（1974），頁 22。

本書頁碼 99：*Heart Speaks to Heart*（1989），頁 24。

本書頁碼 103：*The Inner Voice of Love*（1996），頁 80。

本書頁碼 105：*Bread for the Journey*（1997, September），頁 8。

本書頁碼 109：*Compassion*（1982），頁 20 ～ 21。

盧雲生平

盧雲是享譽國際的作家、備受尊崇的大學教授、廣受愛戴的牧者。他曾就靈命寫書超過四十本，啟迪安慰世界各地無數心靈。自從他一九九六年離世後，有愈來愈多的讀者、作者、研究者，在他的著述汪洋中樂而忘返。他的書已譯成超過二十二種文字，並不斷出版。

一九三二年一月二十四日，盧雲生於荷蘭的奈凱爾克（Nijkerk）。他在一九五七

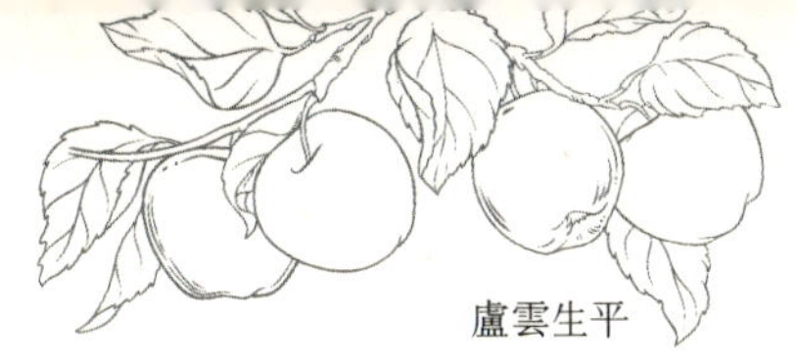

年獲封司鐸。為了加深對人間疾苦的認識，他在一九六四年前赴美國，在梅寧格醫院（Menninger Clinic）修讀宗教與心理學課程。其後他在聖母大學、阿姆斯特丹牧職學院（Pastoral Institute, Amsterdam）、耶魯大學、哈佛大學任教，是極受歡迎的教授。

他的授課與寫作之所以能吸引眾人，與他的熱忱大有關係——他的熱忱，是將自己生命的所有經歷，整合為滿有生氣的靈修神學。他深信這種整合，是當今社會的迫切需要。他的著作總帶著自傳意味，能為讀者提供一扇窗戶，窺探靈性求索路上的喜樂與掙扎。他的靈性觀點具有普世性，可以越過許多界限，啟發來自不同背景的人：華爾街銀行家、從政者、專業人士、祕魯農民、教師、宗教領袖、神職人員、護理人員。

盧雲一生風塵僕僕，講課不絕，題材遍及事奉、關顧、憐憫、復和、苦難、獨處、羣體、善終、死亡。

盧雲總在不斷尋找新意象，去傳達福音信息的深妙，譬如説，他會跑去馬戲團，特意跟高空鞦韆表演者做朋友。就在他突然離世前，他還在思考以馬戲團生活為意象，象徵人生的靈性旅程。他的經典著作《浪子回頭》（*The Return of the Prodigal Son*）將藝術與靈性結合，為福音書中一個古老的比喻，予以當

代的詮釋。

他生命的最後十年，住在加拿大多倫多市近郊的方舟團體，與一羣殘障人士一同生活。

盧雲確信個人與上帝的關係，是一切關係的根基，這信念促成「盧雲學會」的成立，旨在創造機會，提供資源，助人追求、實現靈命的成長。